TRAVAUX D'INVESTISSEMENT

EXÉCUTÉS PAR

LES ARMÉES ALLEMANDES

AUTOUR DE PARIS

RELEVÉS PAR UN ANCIEN ÉLÈVE D'UNE ÉCOLE SPÉCIALE

AVEC CARTE D'ENSEMBLE ET PLANS

DEUXIÈME PARTIE

ATLAS

DU RUISSEAU DU MORBRAS A LA SEINE A VILLENEUVE-ST-GEORGES, — SUCY-EN-BRIE, — BOISSY-ST-LÉGER, — BRÉVANNES, — LIMEIL, — VALENTON, — VILLENEUVE-ST-GEORGES, — BONNEUIL-SUR-MARNE, — MONTMÉLY.

PARIS

E. DENTU, Libraire-Éditeur, Palais-Royal, galerie d'Orléans, 17 & 19

1872

DÉTAIL DES PLANCHES

Ministère
de l'Intérieur.

— ◦ —

Division
de l'Imprimerie
et
de la Librairie.

Service des Estampes
et de la Musique.

Paris, le   187

Batterie Nº 2. (Echelle de 1/200)
Fig. 2

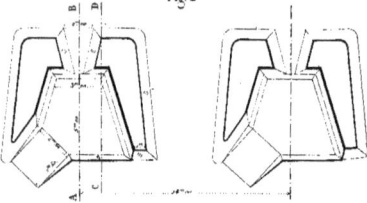

Profil suivant AB de la batterie Nº 2.
Fig. 3. (Echelle de 1/100)

Profil suivant CD de la batterie Nº 2.
Fig. 4. (Echelle de 1/100)

Profil de défense de la face Nord-Ouest du parc du Grand Val.
Fig. 1. (Echelle de 1/100)

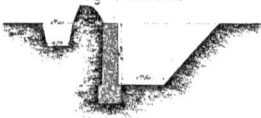

Batterie Nº 6. Fig. 13 (Echelle de 1/500)

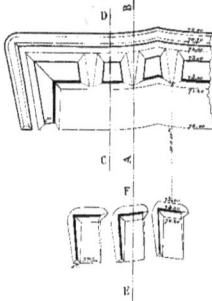

Profil suivant AB de la batterie Nº 6.
Fig. 14 (Echelle de 1/200)

Profil suivant CD de la batterie Nº 6.
Fig. 15. (Echelle de 1/200)

Profil de défense de la propriété pentagonale au Nord du Petit Val.
Fig. 5. (Echelle de 1/100)

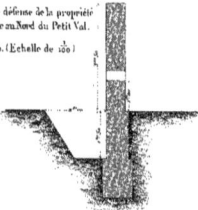

Profil suivant EF de la batterie Nº 6.
Fig. 16. (Echelle de 1/500)

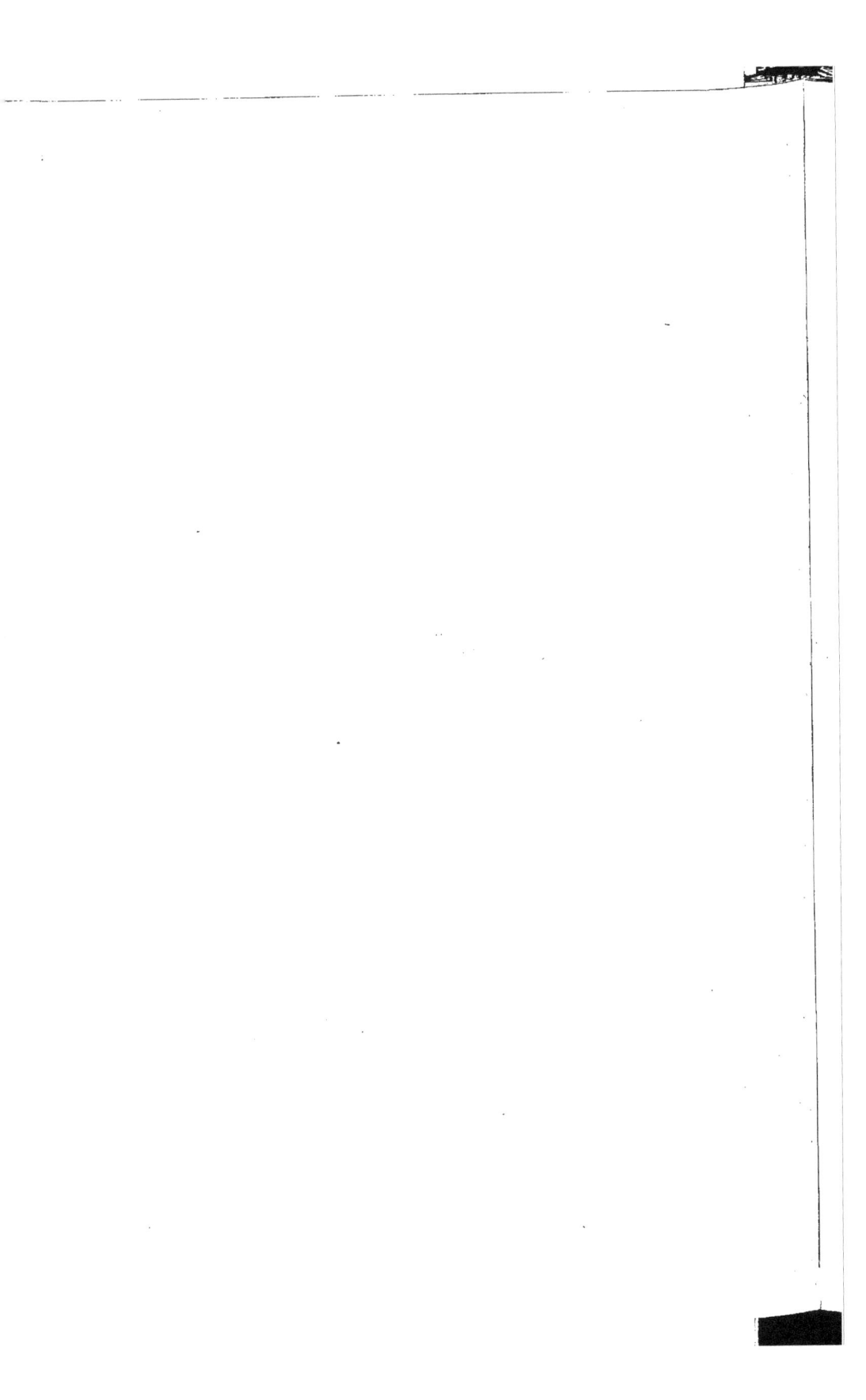

Parc du Château du Petit Val
Fig. 6. (Echelle de 500)

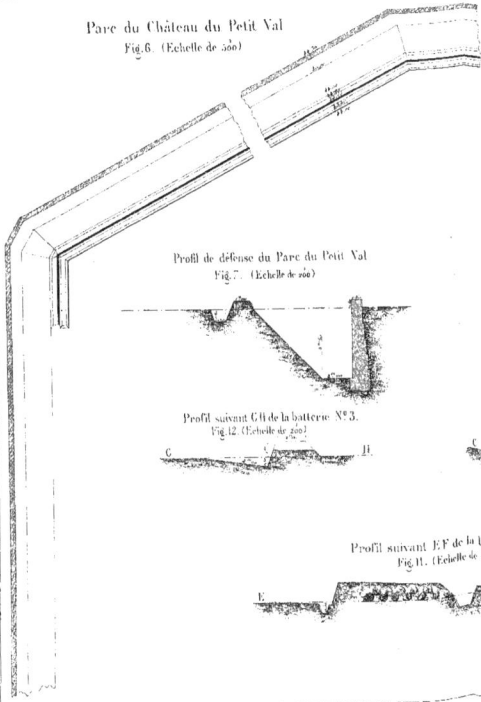

Batterie N° 3.
Fig. 8. (Echelle de 500)

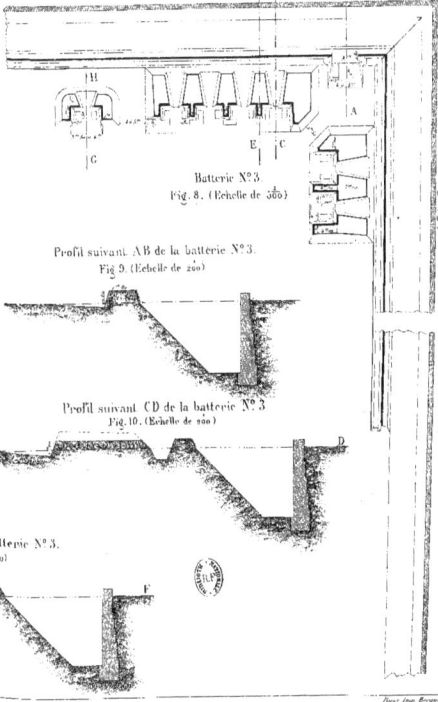

Profil de défense du Parc du Petit Val
Fig. 7. (Echelle de 200)

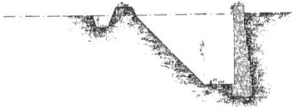

Profil suivant AB de la batterie N° 3.
Fig. 9. (Echelle de 200)

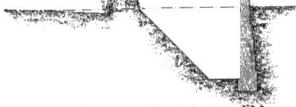

Profil suivant GH de la batterie N° 3.
Fig. 12. (Echelle de 200)

Profil suivant CD de la batterie N° 3.
Fig. 10. (Echelle de 200)

Profil suivant EF de la batterie N° 3.
Fig. 11. (Echelle de 200)

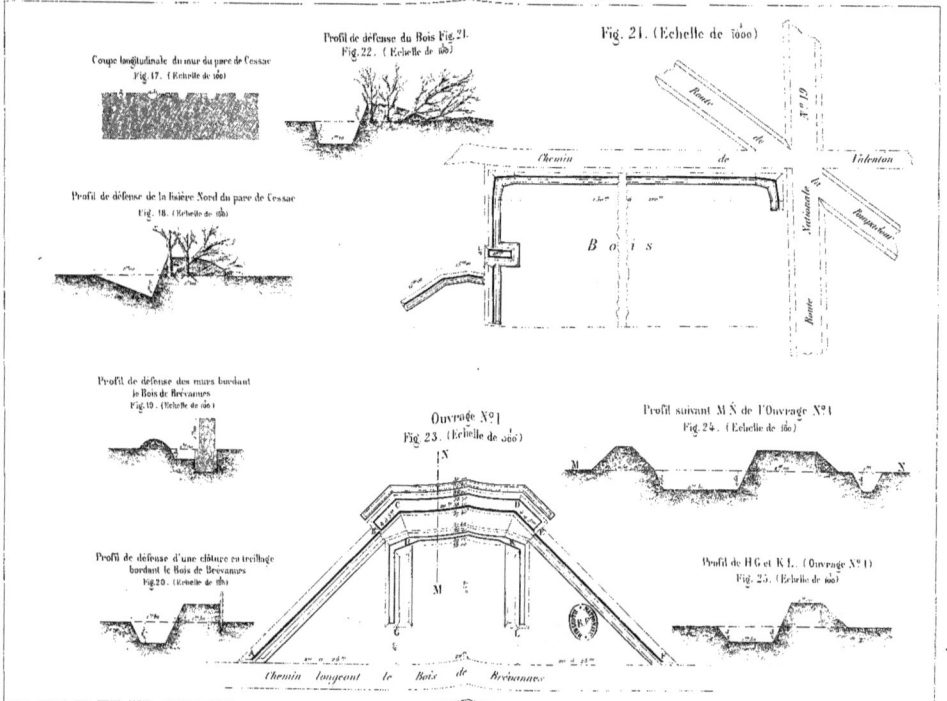

Coupe longitudinale du mur du parc de Cessac
Fig. 17. (Echelle de 1/100)

Profil de défense du Bois Fig. 21.
Fig. 22. (Echelle de 1/100)

Fig. 21. (Echelle de 1/1000)

Profil de défense de la lisière Nord du parc de Cessac
Fig. 18. (Echelle de 1/100)

B o i s

Profil de défense des murs bordant
le Bois de Brévannes
Fig. 19. (Echelle de 1/100)

Ouvrage N° 1
Fig. 23. (Echelle de 1/500)

Profil suivant M N de l'Ouvrage N° 1
Fig. 24. (Echelle de 1/100)

Profil de défense d'une clôture en treillage
bordant le Bois de Brévannes
Fig. 20. (Echelle de 1/100)

Profil de H G et K L. (Ouvrage N° 1)
Fig. 25. (Echelle de 1/100)

Chemin longeant le Bois de Brévannes

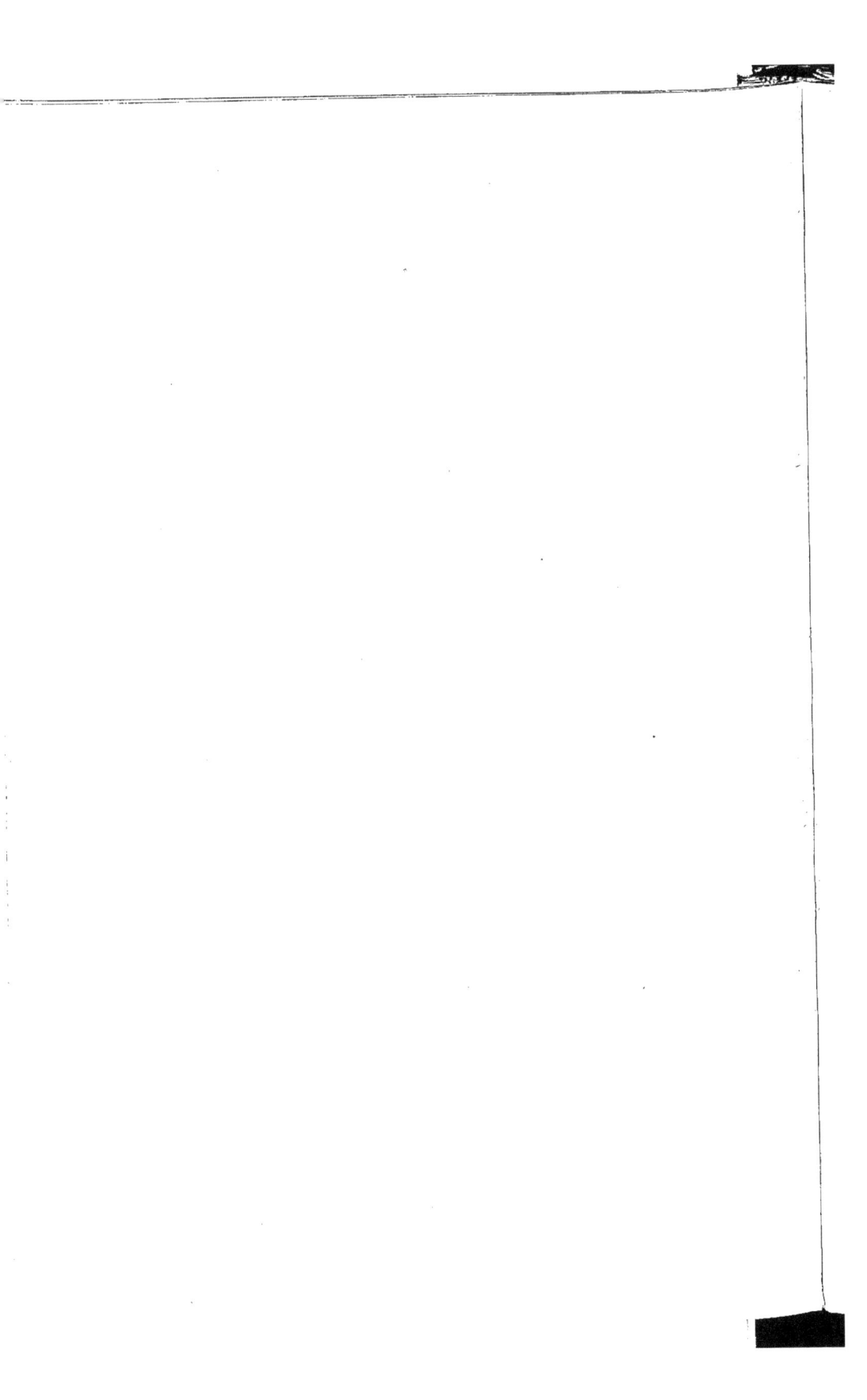

Batterie N.º 9
Fig. 26. (Echelle de 500)

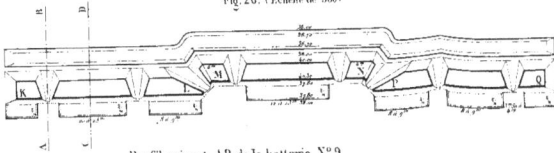

Profil de défense du mur Nord. du parc
du Chateau de Brévannes
Fig. 30. (Echelle de 100)

Profil suivant AB de la batterie N.º 9
Fig. 27. (Echelle de 100)

Profil suivant CD de la batterie N.º 9.
Fig. 28. (Echelle de 100)

Profil de défense du mur du parc en avant de Valenton
Fig. 31. (Echelle de 100)

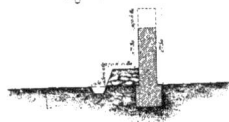

Chemin en avant de Villeneuve S.ᵗ Georges
Profil de défense . Fig. 44. (Echelle de 100)

Profil de défense d'une haie
bordant le Bois de Brévannes
Fig. 29. (Echelle de 100)

Fig. 32. ____ Parc au sud de Valenton. (Echelle de 500)

Chemin   de   Villeneuve   St   Georges   à   Valenton

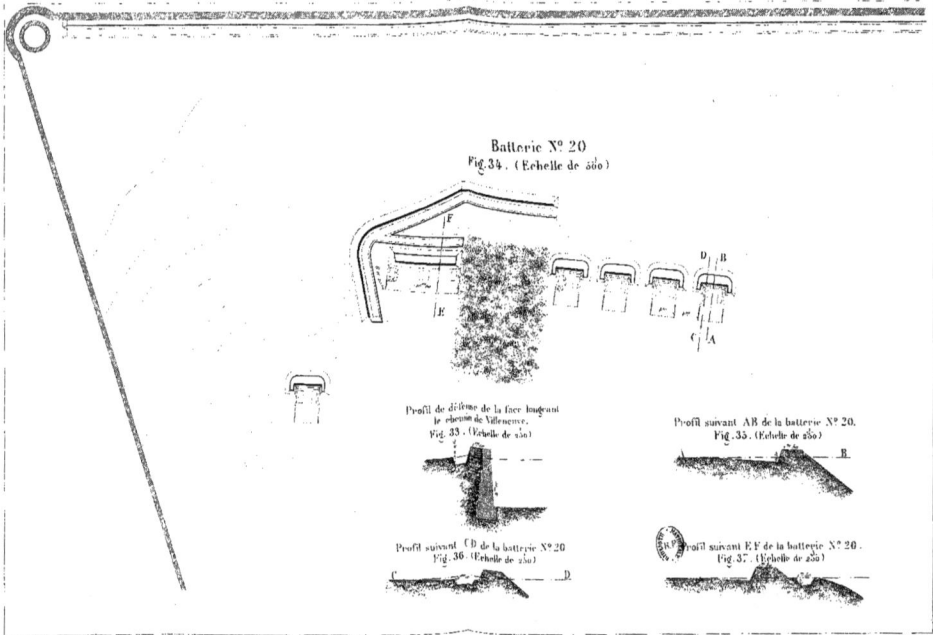

Batterie N.º 20
Fig. 34. (Echelle de 500)

Profil de défense de la face longeant
le chemin de Villeneuve.
Fig. 33. (Echelle de 250)

Profil suivant AB de la batterie N.º 20.
Fig. 35. (Echelle de 250)

Profil suivant CD de la batterie N.º 20
Fig. 36. (Echelle de 250)

Profil suivant EF de la batterie N.º 20.
Fig. 37. (Echelle de 250)

Grave par Avril f.res et Hubert, r. Cujas Leumone.   Paris, Imp. Becquet

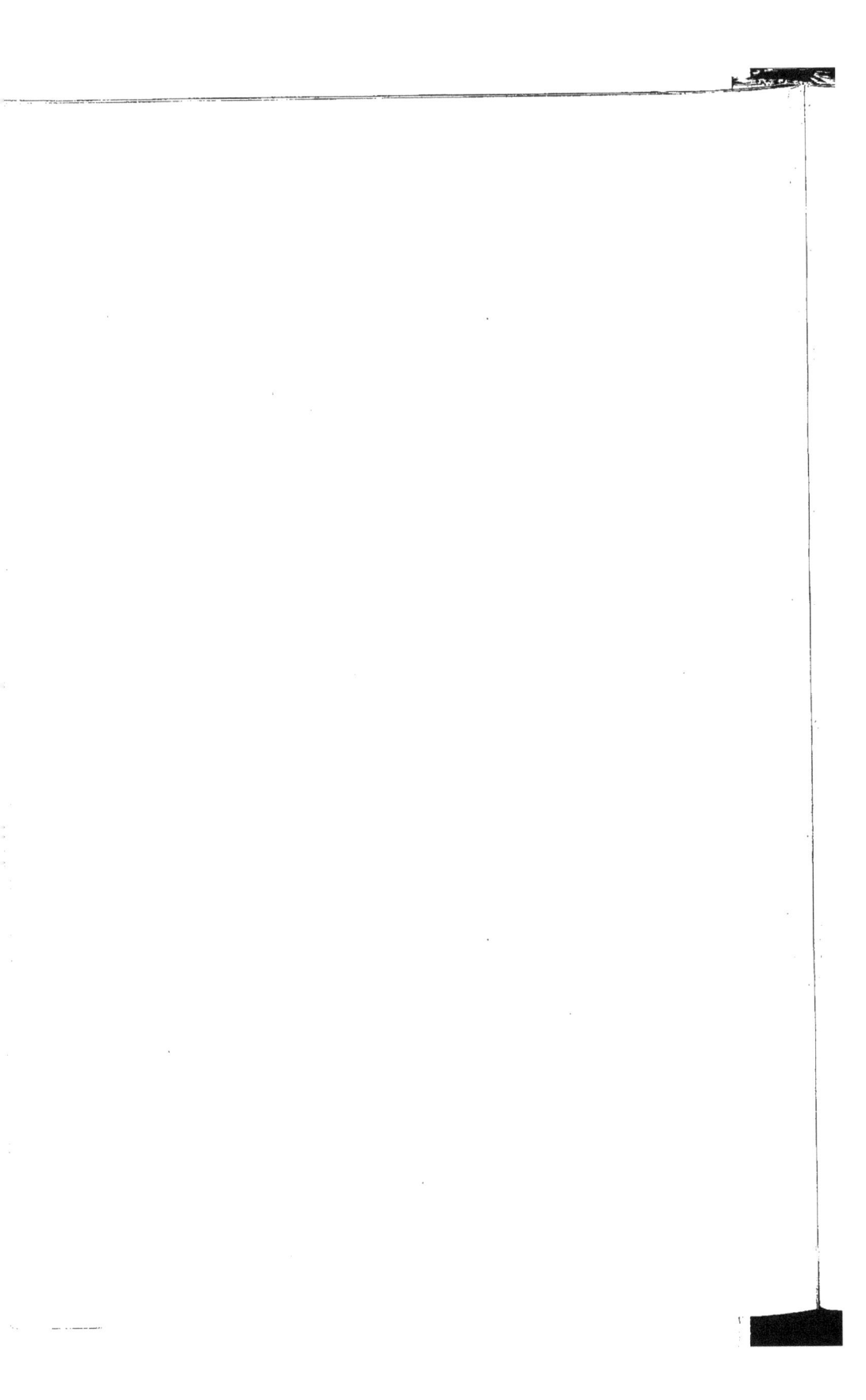

Batterie N° 17. — Fig. 38. (Echelle de 250)

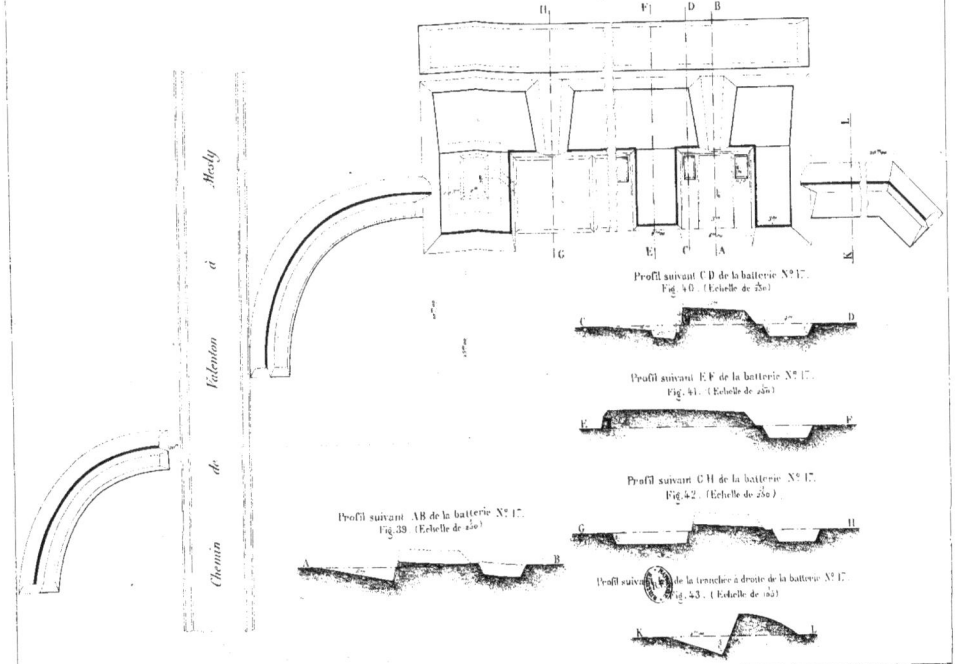

Chemin de Velenton à Mesly

Profil suivant C D de la batterie N° 17.
Fig. 40. (Echelle de 250)

Profil suivant E F de la batterie N° 17.
Fig. 41. (Echelle de 250)

Profil suivant G H de la batterie N° 17.
Fig. 42. (Echelle de 250)

Profil suivant A B de la batterie N° 17.
Fig. 39. (Echelle de 250)

Profil suivant I K de la tranchée à droite de la batterie N° 17.
Fig. 43. (Echelle de 250)

Grave par Avril j.me et Hildee, 14, r. Guy-Lucsac

Paris. Imp. B.

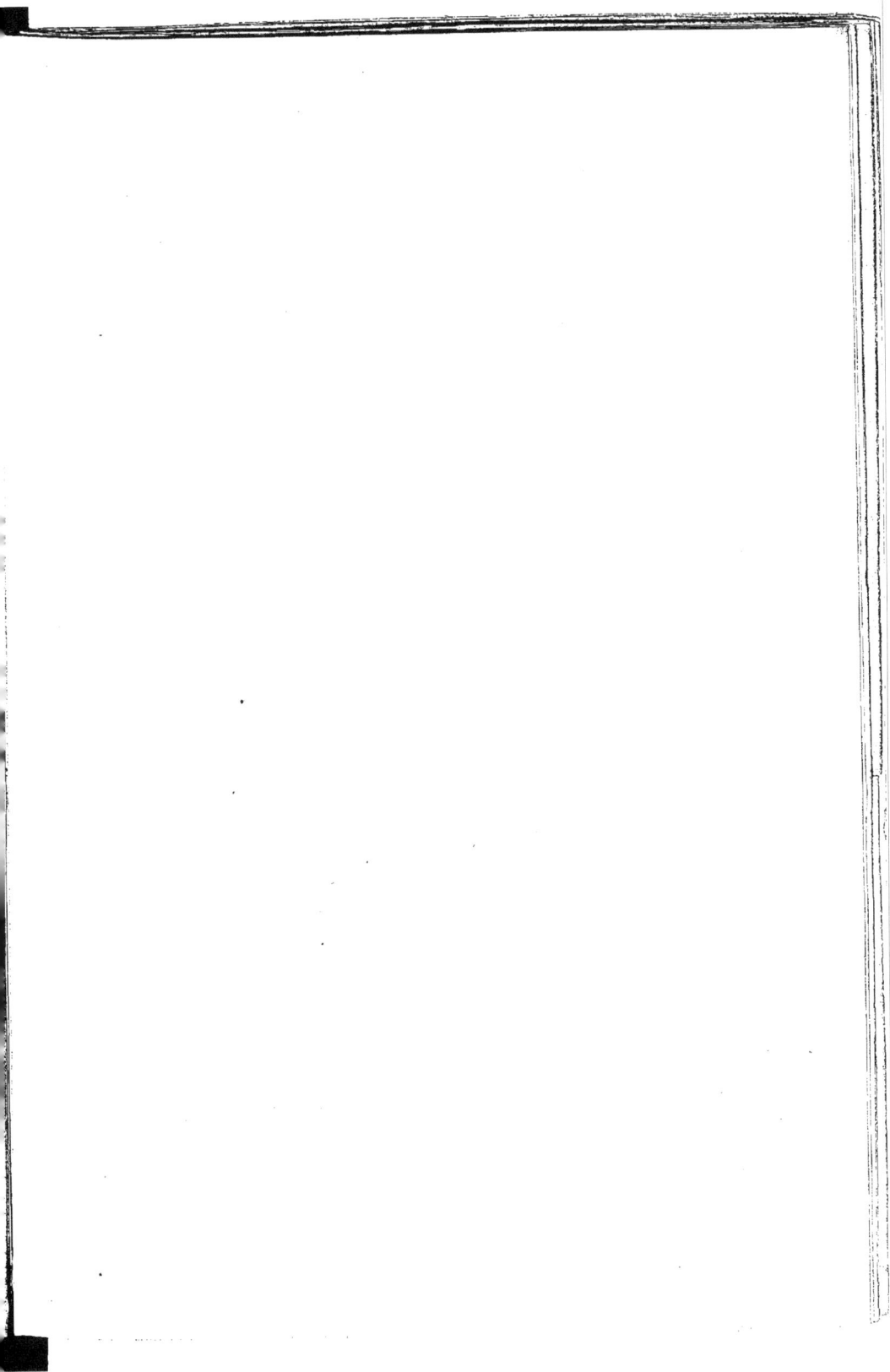

Redan entre Valenton et Villeneuve-St Georges et batterie Nº 23.
Ouvrage Nº 3. Fig. 47. (Echelle de 500)

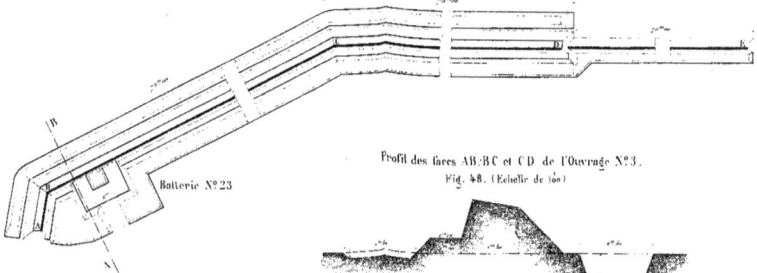

Batterie Nº 23

Profil des faces AB, BC et CD de l'Ouvrage Nº 3.
Fig. 48. (Echelle de 100)

Système des batteries Nºs 21 et 22.
Fig. 45. (Echelle de 500)
Plan

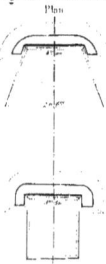

Profil Fig. 46.

Profil de la partie DE de l'Ouvrage Nº 3.
Fig. 49. (Echelle de 100)

Profil suivant AB de la batterie Nº 23.
Fig. 50. (Echelle de 250)

Batterie Nº 24. Embrasure. (Coupe longitudinale)
Fig. 51. (Echelle de 100)

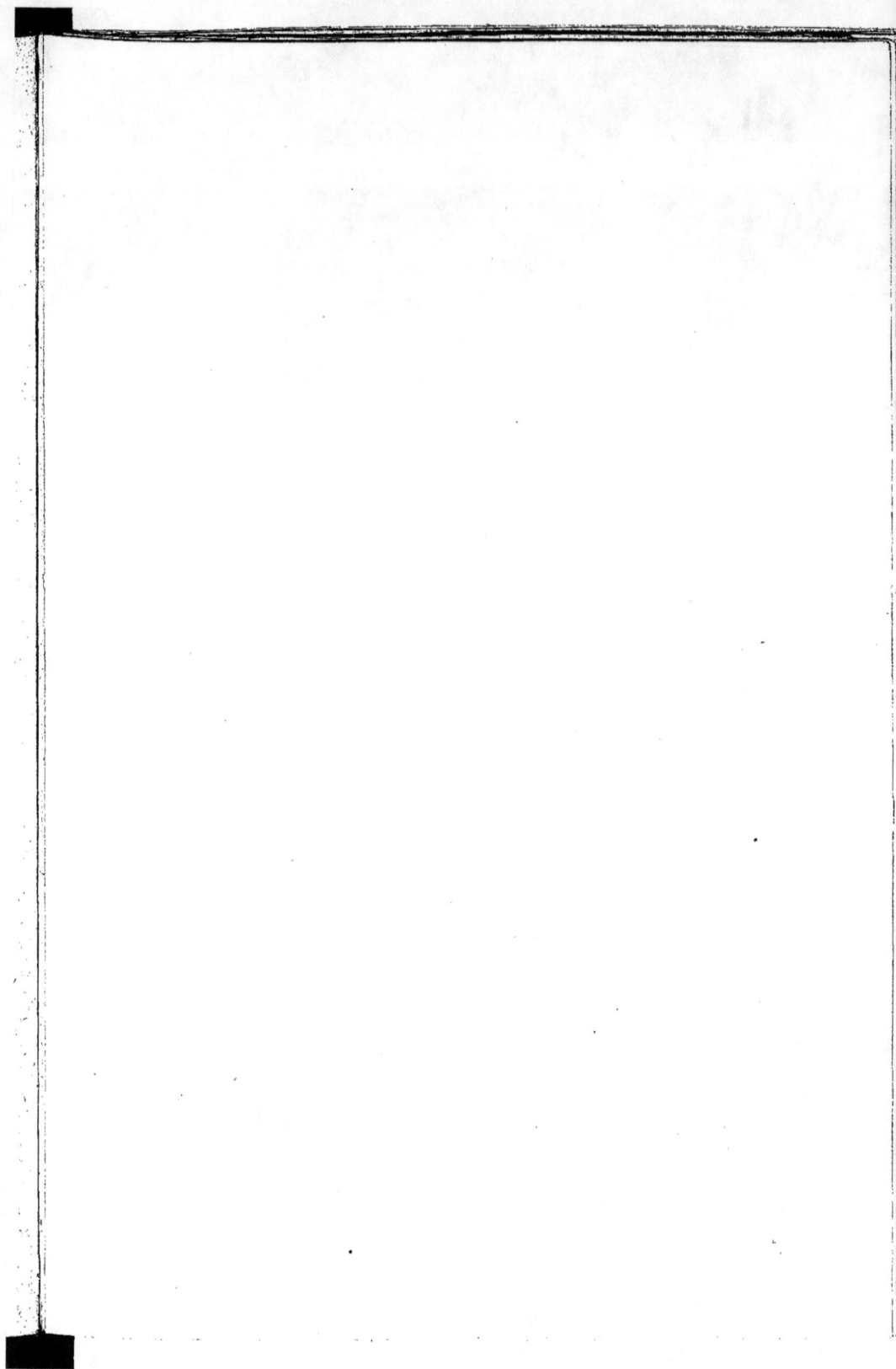

Flèche établie sur le Montmesly. — Ouvrage Nº 2.
Fig. 52.   (Echelle de 500)

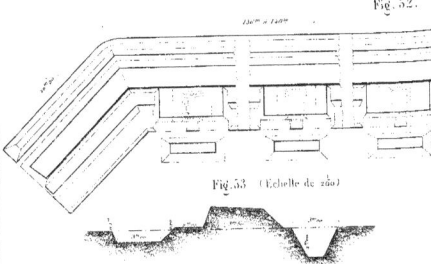

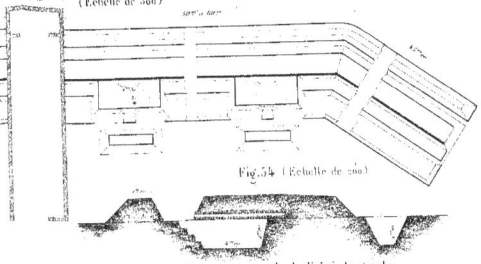

Fig. 53. (Echelle de 200)   Fig. 54. (Echelle de 200)

Abris blindés. (Pentes Sud du Montmesly)   Coupe transversale de l'abri de gauche
Fig. 55. (Echelle de 500)   Fig. 56. (Echelle de 100)

Chemin   transversal   (Pentes Sud du Montmesly)

Profil suivant AB de la batterie Nº 18   Profil suivant CD de la batterie Nº 18.
Fig. 59. (Echelle de 100)   Fig. 60. (Echelle de 100)

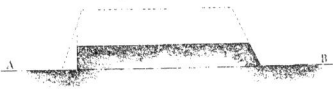

Batterie Nº 18.
Fig. 59. (Echelle de 500)

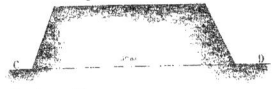

Dessiné par Lecoll (...) et Weibeze. (...) r. Guy Labrune.   Paris _ Imp. Becquet.

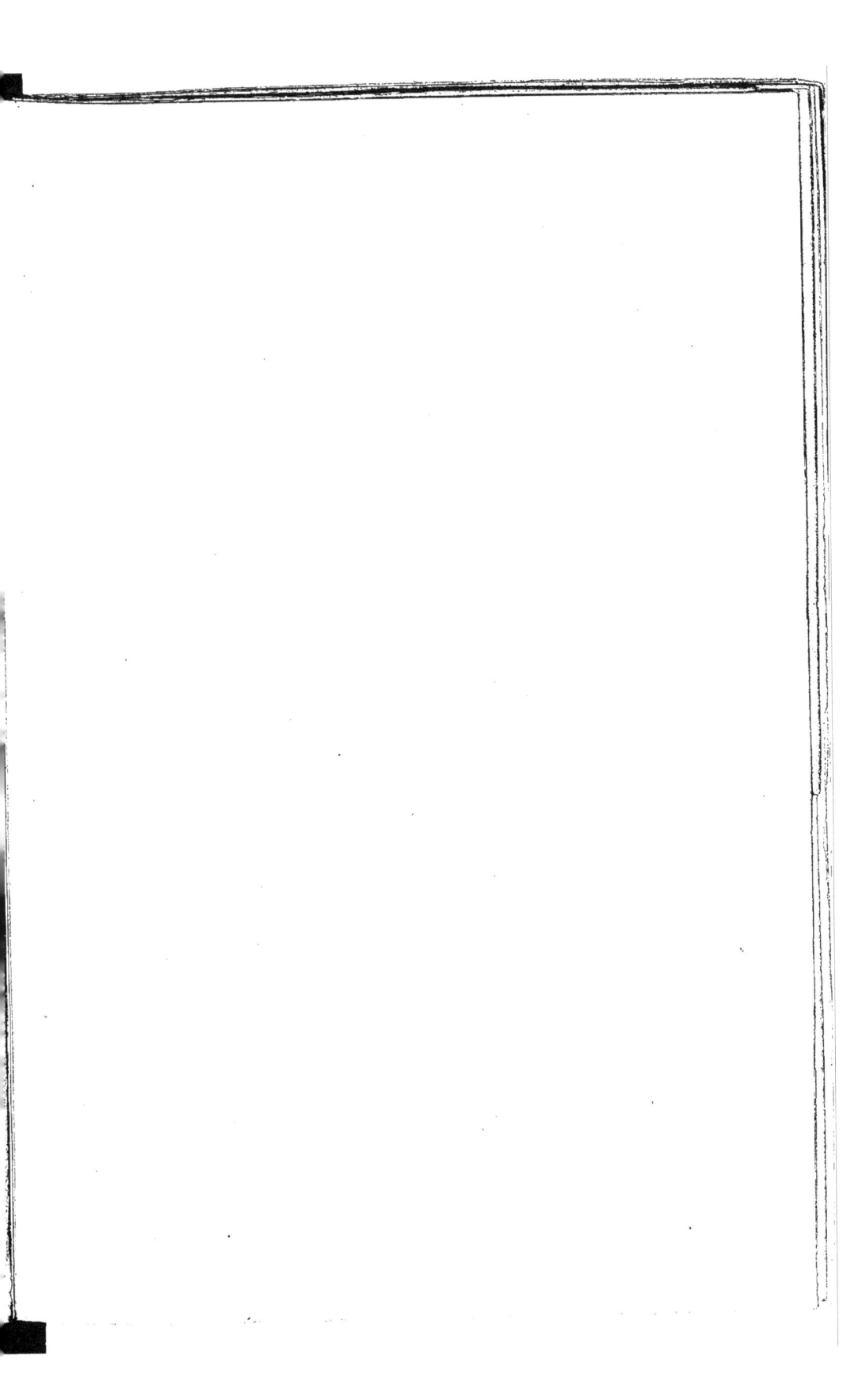

Profil des faces M O et M K de l'Ouvrage N.° 4
Fig. 62. (Echelle de 1/100)

Profil de défense du mur d'enceinte de la Cour de la ferme de l'Hôpital
Fig. 57. (Echelle de 1/100)

Ouvrage N.° 4 et Batterie N.° 25.
Fig. 61. (Echelle de 1/500)

Profil de la face P Q de l'Ouvrage N.° 4.
Fig. 63. (Echelle de 1/100)

Profil de la face H G de l'Ouvrage N.° 4
Fig. 64. (Echelle de 1/100)

Profil de la reticude F E D de l'Ouvrage N.° 4
Fig. 65. (Echelle de 1/100)

Profil des faces A B et B C de la tenaille flanquant l'Ouvrage N.° 4
Fig. 66. (Echelle de 1/100)

Gravé par Avril f.res et Hubert, 3c.e Guérinneau

Paris Imp Dupont

Nord

CARTE D'ENSEMBLE
DES TRAVAUX D'INVESTISSEMENT
DU
SIÈGE DE PARIS
1870-1871

SIGNES CONVENTIONNELS

Ouvrages Allemands   Ouvrages Français

Abris couverts   Abris verticale
Abris couverts d'une levée de terre permettant le tir au dessous le cuivre   Batteries
Levées de terre   Levées de terre
Batteries
Mines sans levées de terre   Abatis d'Arbres

Échelle

BOIS DE

VINCENNES

Recherche de la Faisanderie

CHARENTON

M⁽ᵉ⁾ de Gravelle

MARNE R⁽ᵉ⁾

Polangis

Départ⁽ᵗ⁾ N° 47

Route

Jonville-le-Pont

Ch⁽ᵗ⁾ Gaillard

Charentonneau

S⁺ Maur
les-Fossés

Fort de
Charenton

Vincennes

Pont à
l'Anglais

Maisons

Nationale

Le
Pⁿ Créteil

Port de Créteil

La Pie

S⁺⁽ᵉ⁾ Catherine

S⁺⁽ᵉ⁾ G⁽ᵉ⁾

Créteil

N. D.
des Meches

Adam-Ville
Vincennes S⁺ Maur

La Pouberie
S⁺ Hilaire

Ile Barbière

R⁽ᵉ⁾ S⁺ Julien

MARNE

Mesly

Nationale

Route

Carrefour
Pompadour

Bonneuil
sur-Marne

Marais
de Sucy

Choisy

Val Cesson

Choisy-le-Roi

Route

Départ⁽ᵗ⁾

Paris

Fᵗ de Choisy

Fᵗ de la Tour

B.17

le Grenier
de Valenton

Cimetière

Brévannes

BOISSY S⁺ L

le Plessis

Le Pavillon

Villeneuve
le-Roi

Orbeau

Lieu

Valenton

BOIS DE LA GRANGE

Villeneuve-S⁺ Georges

Ouest

Est

Sud

Gravé par Avril f⁽ʳᵉˢ⁾ et Widner. Sc. r. Coq-Héron.

Paris. Imp. Becquet.

706

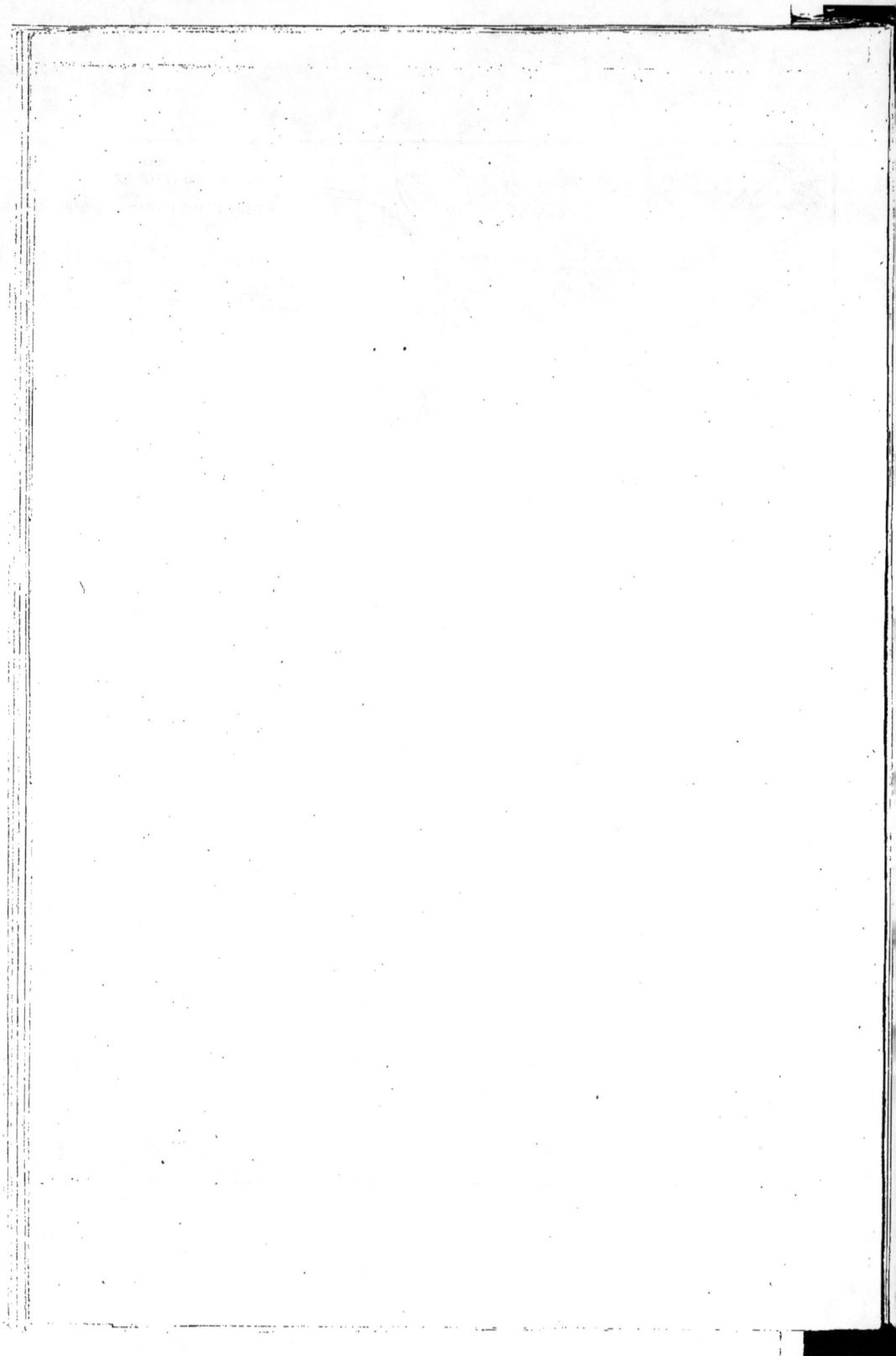

Profil de la Batterie Nº 1
Fig. 1. (Echelle de 1/100)

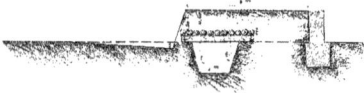

Profil de défense du mur dans les intervalles
des pièces de la Batterie Nº 1
Fig. 2. (Echelle de 1/100)

Profil d'un abri pour Infanterie à l'entrée de Bagneux
Fig. 3. (Echelle de 1/100)

Chemin couvert (Plateau de Chatillon)
Fig. 12. (Echelle de 500)

Chemin couvert (Plateau de Chatillon)
Fig. 11. (Echelle de 500)

Batterie Nº 24
Fig. 13. (Echelle de 1/200)

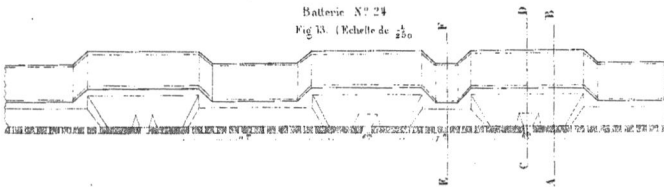

Profil suivant E.F. de la Fig. 13.
Fig. 16.
(Echelle de 1/100)

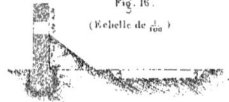

Profil suivant A.B. de la Fig. 13.
Fig. 14 (Echelle de 1/100)

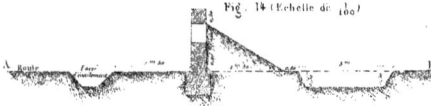

Profil suivant C.D. de la Fig. 13.
Fig. 15 (Echelle de 1/100)

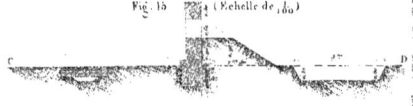

Paris, Imp. Becquet

TRAVAUX D'INVESTISSEMENT DU SIÈGE DE PARIS 1870 -1871.

Pl. 11

Croquis du système de Batteries entre Chatillon et Bagneux.

(Echelle de 1 millimètre 5 par mètre)

Fig 4.

Batterie N° 4

B   B'

Batterie N? 3

D

Prolongement au delà de N N
de la Fig 4

Chemin   suivant   se   prolongeant   jusqu'à   la   Batterie   de   Mortiers   ou   Batterie   N?

A   A'   C

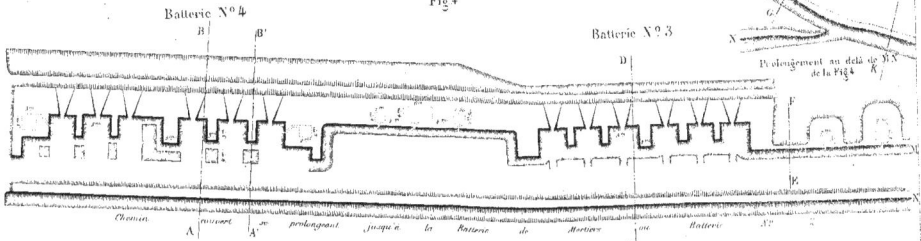

Profil suivant A B
Fig. 5. (Echelle de 200)

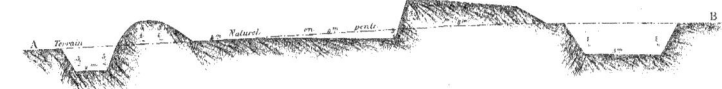

A   Terrain   Naturel   en   4ᵐ   pente   B

Profil suivant C D
Fig. 7. (Echelle de 200)

C   D

Profil suivant A'B'
Fig. 6. (Echelle de 200)

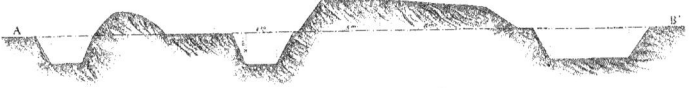

A   B'

Profil suivant E F
Fig.8.(Echelle de 200)

E   F

Profil suivant G H
Fig.9. (Echelle de 200)

G   H

Profil suivant K L
Fig.10.(Echelle de 200)

K   Terrain   pente   L

Grové par E.Walter, 42 r, Guy Lussac

Pl. III

Profil du terrain perpendiculairement à la Route N.º 20
près et au Nord de la Croix de Berni
Fig. 17. (Echelle de 500)

Profil du Château de Meudon
(entre le Château et les écuries)
Fig. 18. (Echelle de 500)

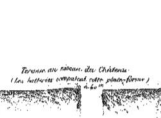

Profil des faces AB, BC, CD et PR
de la lunette flanquante de l'ouvrage N.º 3.
Fig. 29. (Echelle de 180)

Profil de ST (ouvrage N.º 3)
Fig. 31. (Echelle de 100)

Redoute près de Plessis-Piquet (ouvrage N.º 1)
Fig. 19. (Echelle de 1000)

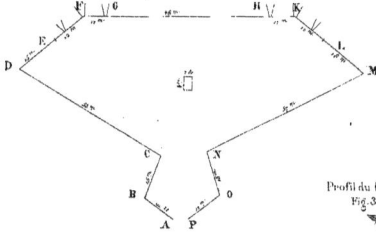

Profil du fossé U.V. (ouvrage N.º 3)
Fig. 30. (Echelle de 100)

Redoute près de la ferme de Trivaux (ouvrage N.º 3)
Fig. 28. (Echelle de 1000)

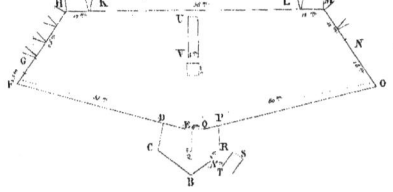

Profil des faces CD et M.N de l'ouvrage N.º 1
Fig. 20. (Echelle de 100)

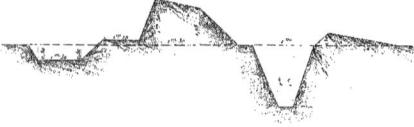

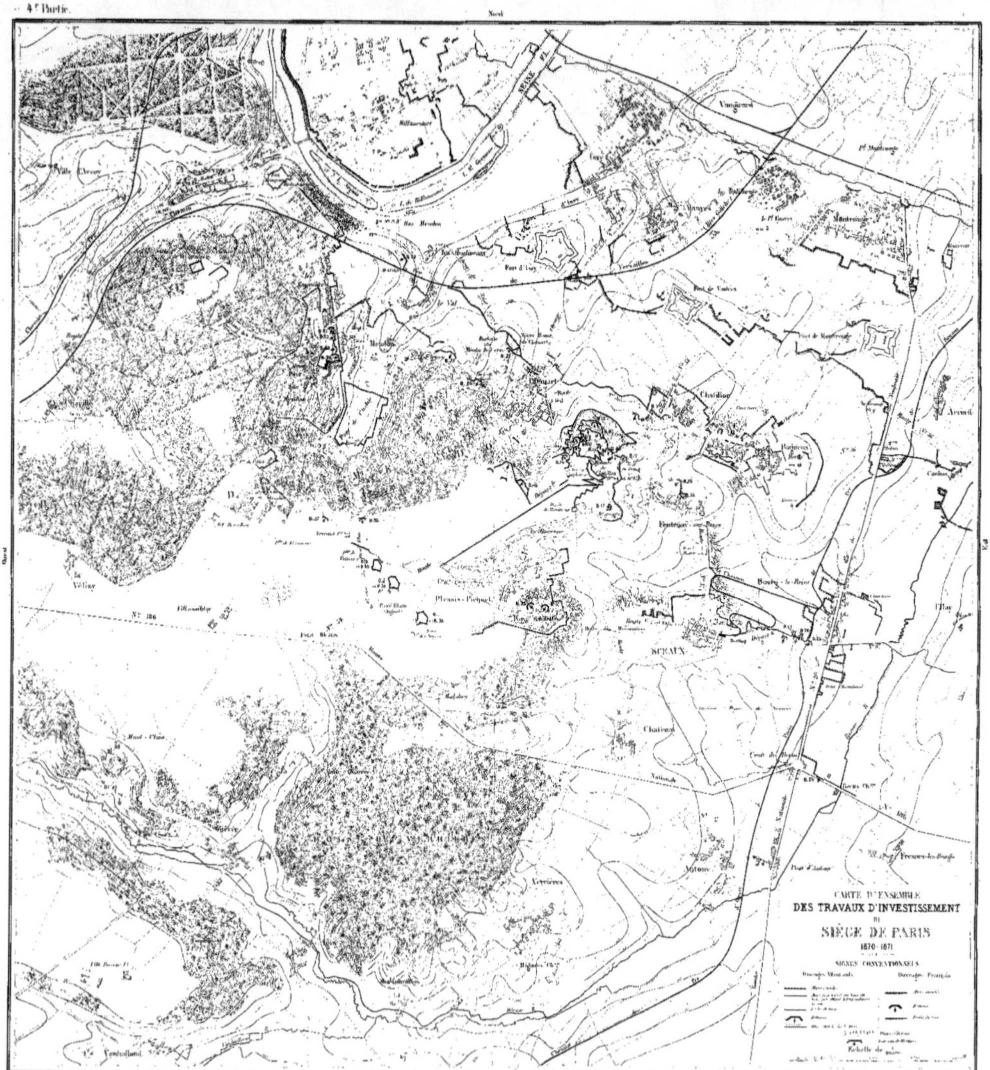
Nord
Vaugirard
Montrouge
Vanves
Fort d'Issy
Fort de Vanves
Fort de Montrouge
Châtillon
Bagneux
Arcueil
Cachan
Meudon
Bas Meudon
Clamart
Vélizy
Plessis-Piquet
Fontenay-aux-Roses
Bourg-la-Reine
L'Hay
SCEAUX
Chatenay
Verrières
Sèvres
Ville d'Avray
N° 186
CARTE D'ENSEMBLE
DES TRAVAUX D'INVESTISSEMENT
DU
SIÈGE DE PARIS
1870-1871
SIGNES CONVENTIONNELS
Echelle de
Sud

Profil des faces EF, FG, GH et HK de l'ouvrage N° 2
(Emplacements d'Infanterie)
Fig. 22. (Echelle de $\frac{1}{100}$)

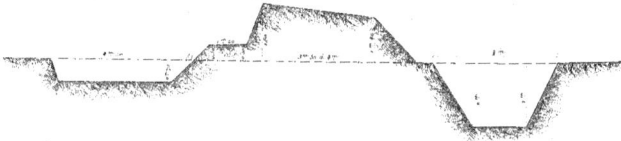

Traverse pare éclats
(Ouvrage N° 2)
Fig. 24. (Echelle de $\frac{1}{100}$)

Profil des faces EF, FG, GH et HK de l'ouvrage N° 2
(Emplacements d'Artillerie)
Fig. 23. (Echelle de $\frac{1}{100}$)

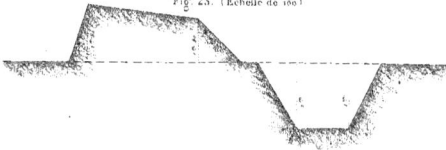

Traverses
(Ouvrage N° 2)
Fig. 25. (Echelle de $\frac{1}{100}$)

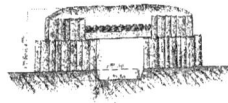

Profil de la face KL de l'ouvrage N° 2
Fig. 26. (Echelle de $\frac{1}{100}$)

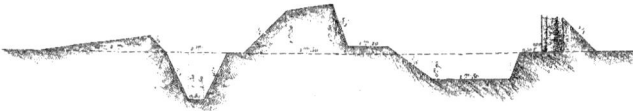

Profil des faces et des flancs
de la petite lunette flanquante NOPQB
Fig. 27. (Echelle de $\frac{1}{100}$)

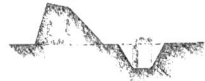

Grave par L. Walter, r. Guy Labrosse 5.

Paris, Imp. Becquet

Charleville, Typ. A. Pouillard.